Herstellung und Verlag:
BoD-Books on Demand, Norderstedt
ISBN: 978-3-7386-1652-1

Früher war der Reifenwechsel bei Autorennen
noch nicht ganz so hektisch und schnell:

Nachdem er „Neue Reifen" pfaucht,
gemach er seine Pfeifen raucht.
Und während er beim Rauchen pfeift,
Der Wechsel unter Pfauchen reift.

Lieber vom Schlehenschnaps als vom Tanzen schwindlig:

Die Schlauen sitzend tranken Schlehen,
daneben sich die Schlanken drehen.

Abel ist eben der schnellere Schwimmer:

Nieder schwamm er a den Kain.
So ein Kameradenschwein.

Blumen bitte nie als Aphrodisiaka verwenden!

Ich gebe dir den bloßen Rat,
beiß bitte nicht ins Rosenblatt,
und willst du eine Primel packen,
wird es dich auf den Pimmel pracken.
Auch wenn es manchmal Freier essen,
es wird dir deine Eier fressen!

Gartenarbeit bei Aprilwetter:

Ich kann mich in der Sonne wiegen,
da wird wohl heut' die Wonne siegen.
Wie lange wird der Segen reichen?
Wird bald wieder der Regen seichen?

Und plötzlich schlägt das Wetter um,
der Donner macht am Äther wumm!

Ich ernte noch beim Nageln Häme,
weil ich mir Zeit beim Hageln nähme.
Derweil ich Schutz vor Flocken suche,
dann ohne Schuh' und Socken fluche.

Ich hol' mir gegen Schnee die Decke,
da weht's mir in den Tee die Schnecke.
Ich kann den liegend' Wurm verstehen,
im Steh'n würd' ihn der Sturm verwehen.

Ausrede eines in flagranti vom Bauernsohn, der ob dieser glaubhaften Ausrede etwas enttäuscht ist, doch niemand erwischt zu haben, ertappten Rübendiebes:

Ich grabe hier nicht wegen Ruam,
ich such' nur einen Regenwurm,
und hinterläßt den sauer'n Buam.
Es glaubt ihm dieser Bauernsurm.

**Unzufriedenheit bei Geburtstagsgeschenken
unter Pferdenarren:**

Im Vorjahr war's ein scheuer Hengst,
bin g'spannt, was du mir heuer schenkst.
Vielleicht gar eine steile, gute
und aufgeputzte geile Stute?
Den Wallach schenkst, den eierlahmen?
Immer die alte Leier. Amen.

Erster Applaus tut gut:

Bei jedem tollen Beifallssturm
war'n wir schon stolz und steif als Buam.

Transportschaden:

Bin gestern mit der Bahn verzogen
Und hab mir einen Zahn verbogen.
Gewogen und untersucht auf's Gewicht,
fiel mir der Koffer mit Wucht auf's Gesicht.
Werd' nächstes Mal Schiff oder Flug buchen,
da kann ich dann vorne im Bug fluchen.

Lieber den Wurm in der Hand als die Amsel auf dem Dach:

Trotz meiner steten zarten Gier,
verzicht' ich auf die Gartenzier.

Ich hätte zwar zum Fraße Lust,
jedoch, es hinterlasse Frust.

Ich fress' nicht Kurt, das Amselmännchen,
und auch nicht seine Mamsell Ännchen.

Wohl auch nicht diese Brut der Henne,
vor Gusto zwar mein Hut, der brenne.

Es schmeckt dem Vogelsohn der Wurm.
Weil der jetzt auch hier wohn', der Surm,

muss Kurt mit Wurm den Kleinen stopfen,
nach Wurm noch unter Steinen klopfen,

ob Sonne scheint, ob weht der Sturm,
am Speiseplan, da steht der Wurm.

Derweil ich auf der Heide lunger',
ergeht's mir schlecht, ich leide Hunger.

Ob ihnen jetzt ich Würmer stehle?
Die Taktik wie ein Stürmer wähle?

Da Würmer sich vor Wochen paarten,
brauch ich nur steh'n, Epochen warten,

bis unter'm Schuh sie froh dann säßen.
Ich und die Amseln sodann fräßen.

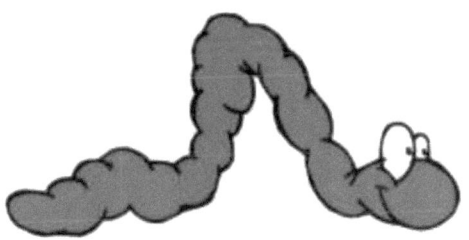

Nicht alles ist überall gleich gut aufgehoben:

Hab' Zwiebel in die Bibel zwickt,
in Bibel jetzt die Zwiebel pickt.

Anstößiges! Bist du unter 18 Jahre alt, dann sollst du das bitte nicht sinnerfassend lesen!

Dreier?

Beim Anblick einer prallen Büste,
da denk' ich, ich sollt' ballen Brüste.
Schon bald bin ich in Triple-Nähe,
da ich bereits vier Nippel drehe.

Sicher ist sicher:

So wie er nur mit Filter tschickt,
nur mit Kondom, gechillt er fi**t.

Babysitting:

Ich flocht ihr schon ein Blütenherz,

doch jedesmal beim Hüten blärrt's.

Ein neues Lied entsteht:

Kann ich mich zum Reim entschließen,
ist manch Wort dem Schleim entrissen.
Wenn ich über Rechte schleime,
gibt's auch manchmal schlechte Reime.
Oft vom Schleim mich löse, bieder,
und dann schreib' ich böse Lieder.

Qual der Berufswahl; Baumschulgärtner oder doch etwas ganz anderes…

Soll ich vielleicht mir Erlen pachten,
oder dann doch auf Perlen achten?
Verleih' ich jungen Buchen Flügel,
als dass ich unter Fluchen bügel?
Ob besser ich die Tannen wärme,
als helfen in der Wannentherme?
Soll ich beim Wuchs der Fichten darben?
Oder ich streich' mit dichten Farben.
Ob ich dem Volk von Eichen lehre,
oder vielleicht nur Leichen ehre?
Prüf' ich, ob mir dann Zedern fehlen?
Ich könnte auch nur Federn zählen.
Schau' ich, ob brav die Linde wachse,
Heb ich mit einer Winde Lachse?
Schneid' Hecken ich mit Heckenschnur?
Verleih' ich eine Schneckenhur?

Ursache und Wirkung:

Wenn s' nicht so viele Fadl bräten,
stänk's nicht so sehr nach Bratlfetten.

Bauernschläue:

Das Brot schmeckt auch vom Bauern lecker,
darob voll Missgunst lauern Bäcker.
's Rezept, das woll'n sie heute locken,
weshalb beim Bauern Leute hocken.
Vom Most werden die Schauer blauer,
er ist nun mal ein schlauer Bauer.

First Lady Desiree in Nöten:

Erschrocken ruft der Präsident:
„Um Gottes will'n, mei Desi brennt!"

Seit nunmehr einem halben Jahr ist Mutter jetzt überzeugte Veganerin. Sie hatte in ihrem Leben in viele treuherzig blickende Augen von Tieren gesehen, und letztendlich beschlossen, in weitere Folge weder Tiere, noch Tierprodukte, in welcher Form auch immer, zu sich zu nehmen. Dieses Vorhaben konnte sie auch tatsächlich verwirklichen. Nach anfänglichen kleinen Irritationen gelang es ihr immer besser, sich problemlos von Gemüse und Obst zu ernähren, ohne dass der fehlende Genuss von tierischen Produkten in irgendeiner Form ihr Leben zu beeinträchtigen vermochte. Aufrecht und stolz, gewissen Versuchungen nicht zu erliegen und sich diesbezüglich, auch von vereinzeltem Verlangen nach diversen Produkten, nicht verbiegen zu lassen, schritt sie fortan durch's Leben. Sie hatte lediglich eine kleine Sorge. Das einzige Problem bei dieser beispielgebenden Lebensveränderung wäre wohl die Butter, weil sie die ja so gerne möge, und sie hätte etwas Angst, dass dieses Verlangen irgendwann einmal immer stärker werden könnte, es immer schwieriger würde, sich in dieser Angelegenheit aufrecht zu halten, und dieses Verlangen sie möglicherweise immer mehr verböge. Es wuchs ihre Sorge, dass dieses Verlangen sie dann mehr und mehr böge, weil sie doch so gern die Butter möge:

Verlangen schon die Mutter böge,
weil sie so gern die Butter möge.

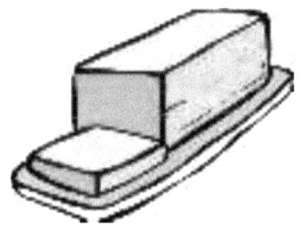

Lurenblasen:

Es spricht der Kunst mit Luren Hohn,
wenn bläst man nur für Hurenlohn.

Flexibler Friseur:

Als Service für rötliche Prostituierte,
Extensions, gefärbelt in Rost, i' toupierte.

Crocodile Dundee:

Am Dock grillt Dundee einen Kaiman,
erzählt, dass er das nur im Mai kann.
Was sonst er wohl am Dock oh grille?
Naja, am meisten Krokodile.

Schüttlericks
(geschüttelte Limericks)

Weil einem Herrn aus Breitenbach
der Hände Rist an beiden brach,
und das schwächt schlimm,
weil er schlecht schwimm',
sitzt nun er vor dem breiten Bach.

Ein Autofahrer aus Kraxstetten
montierte schleunigst schnurstracks Ketten,
bei dichtem Schneefall.
Falls's seine Fee schnall',
fährt nie er wieder die Rax-Gstetten.

Ein Fräulein aus Wiesbaden
ist schön von Haupt bis Waden,
ist ganz verklärt,
ihr Glanz verkehrt,
schaut Nackten zu, wie s' baden.

Drehbuchanweisung:

Sie schmiegt sich an ihn, zart,   (Gewitter!)
und flüstert leise: „wart'".   (Gezitter!)

Sehen sich eigentlich Ahnen ähnlich?

Ist Ableitung von Namen dämlich?
Zwar klingt das bei den Herren ehrlich,
die sind nun mal in Ehren herrlich,
doch dämlich wär'n die Damen nämlich!

Schwarzfahrer:

Vor Scham ich jetzt den Arsch einfalt',
ein Kontrollor, und Fahrschein alt.

Flüchtiges:

Sie wollten nicht nur flüchtig ziehen,
sondern adrett und züchtig fliehen.

Erst sammelt er noch Flaschen tüchtig,
jetzt ist er mit den Taschen flüchtig.

Sie taten ihm den Flug entziehen,
jetzt muss er mit dem Zug entfliehen.

Wenn mir schon alle Ziegen flüchten,
dann werde ich wohl Fliegen züchten.

Ein Häftling wird gesucht, verflucht!
Er hat wohl eine Flucht versucht,
hat was von Urlaubs-Bucht geflucht,
und wohl schon für die Flucht gebucht.

Nur für Hartgesottene. Empfindsame bitte ungelesen weiterblättern:

Ein String ist für die Tülle geiler.
Man nennt ihn auch den Gülleteiler.

Oft wäre weniger mehr:

Er hatte am Klo schon ein schales Gewissen,
er hatte im Ausmaß des Wales geschissen.

**Sitz' beim Kaffee, nix fällt mir ein,
les' lieber ein Buch:**

Im Sud von meiner lichten Tasse,
les' ich, dass heut' ich dichten lasse.
Ich reim ja nur noch Schüttelbrei,
weshalb ich jetzt dem Büttel schrei,
dass er statt meiner dichten soll.
Ich brauch dann nur mehr sichten, toll!
Sonst nehm', weil ich ein Rattler bin,
zu Fleiß mir eine Butler-rin.
Soll die dann tolle Reime schlagen,
die köstlich aus dem Schleime ragen.
Es wird dann eh der Franz gekrönt,
der Freud' dann unter'm Kranz gefrönt.
Sie hätte dann was für den Lorbeer getan,
ich hol' mir einstweilen bei Torberg Elan,
und warte, bis die schmächtig' Muse,
mit mir dann wieder mächtig schmuse.

Motivation für den Häftling Fredi, den Fitnessraum im Dachboden des Gefängnisses permanent und immer intensiver zu frequentieren, um seine Lungenfunktion dahingehend zu stärken, seiner Freude am Sexualleben mehr Ausdruck geben zu können:

Frönst stet am Dach der
Kraft noch heftiger,
stöhnst Fred dann nach der
Haft doch kräftiger.

Die eiligen drei Könige:

Es sprach der König Balthasar:
Jetzt machen wir mal Halt – Basar!
Seitdem trägt König Melchior,
den kleinen, gold'nen Elch im Ohr.
Erst ging er in die Gras-Bar kühn,
jetzt ist das G'sicht vom Kaspar grün.

Nach dem Entdecken einer Marktlücke, kann man auch mit öffentlichen Intimrasuren jede Menge Kohle machen:

Kopfkino ein!

Es macht' viel Geld, die scharfe Hur,
seit sie sich nur mit Harfe schur.

Kopfkino aus!

Aus der Kunstszene:

Graffitisprüher, Lumpenpack!
Da stehen sie und pumpen Lack.

Die Mama kocht am besten:

Was riecht denn da so Feines, Mutter?
Ist das schon etwa meines? Futter?
Du kannst ja so gut Rinder kochen,
was wir schon gern als Kinder rochen.
Gibt's vorher noch vom Kraute Suppe?
Fragt fröhlich die versaute Gruppe.
Weil wir auch trinken wollen, fein,
gibt's wieder diesen vollen Wein?
Erst hol mir bitte, Marsch!, die Butter
Erwidert plötzlich barsch die Mutter.
Ich darf ja nicht die Brüh' verkennen,
weil mir sonst drin die Küh' verbrennen!
Ich rieche schon der Würze Charme,
der Mutter wird die Schürze warm.
Als wär von Holz ich Fäller, toll,
macht Mutter mir den Teller voll
Als Vorspeis' auf dem Fichtentisch,
gibt's flachgepressten, dichten Fisch.
Wie sehr ich Mama lock', oh schade,
gibt's nachher keine Schokolade.

Wir kamen ja nicht rein zum Fasten!
Das Sofa ist jetzt fein zum Rasten.
Ich zähle noch ganz schlaff ein Schäfchen,
dann werd' ich müd' und schaff' ein Schläfchen.

Rammelfieber:

Mehr Häschen gibt's mit Rasenheizung,
wegen erhöhter Hasenreizung.

Am Nacktbadestrand:

Derweil noch Holz ein neuer hackte,
grinst' er, es gibt auch heuer Nackte.
Nur G'schamige, die zischen feige,
„Niemals ich ihn den Fischen zeige!"
Der nackte Künstler malt die Uschi,
so wie sie g'rade aalt die Muschi.
Bis auf die Knie die Brüste langen,
und trotzdem voller Lüste prangen.

Beim Nacktbaden:

Weil s' tief unter'm Geschlecht hingen
tat Eier heut' der Hecht schlingen.

Ziemlich beschissen:

Es gibt, nach alter Kunde Hacken,
an denen klebt, was Hunde kacken.
Weil's Hauferl auch bei Tageslicht,
herumlag, und da lag es dicht.
Und Katzen auf Matratzen keck,
entsorgen manchen Katzendreck.
Wenn man nach Halt auf Gauben tatsch',
greift man bestimmt in Taubengatsch.
Im Sonnenlicht seh'n Kinder rot,
die Klapperl sind voll Rinderkot.
Wer vornehmlich im Schatten reise,
trät' deutlich mehr in Rattenscheiße.

Schüttlereien, nur so halt:

Schon Stunden sie jetzt schmurgeln, gieren,
mit Bier sich ihre Gurgeln schmieren.

's gibt starke und auch laue Grippen,
bei starken kriegt man graue Lippen.

Die Henne stampfte wutentbrannt,
als man ihr ihre Brut entwand.

Biblisches:

Der Abel fragt im Kerzenschein:
„Du willst doch wohl nur scherzen, Kain?"
„Du fragst, vom Kerzenschein befeuert,
und was du fragst, ist fein bescheuert."
Spricht Kain und lacht und singt nur dämlich
in schrillem Ton, in Cis-Dur nämlich.
„Du solltest etwas schlauer fragen,
denn ich werd' keine Frau erschlagen,
dich werd' ich mit dem Prügel hauen,
und dann mir Bier am Hügel brauen.
Dich brate und bereit' ich zu.
Sodann geb' eine Zeit ich Ruh'.
Ich werde mich jetzt gleich beraten,
du sollst mir nicht zu bleich geraten.
Weil ich mein Bäuchlein förder', mäst',
bei einem schönen Mörderfest."

Waidwund geschossener Wilderer:

Wirst schwer du mir in Heiligenblut,
so kann das nur am Blei liegen, Hut.

Hühnerdrama:

Es sind jetzt auch die harten Gockerln,
die nun im feuchten Garten hockerln.
Sie rutschten von den harten Stangen,
an denen s', wenn s' erstarrten, hangen.
Wo sie dann schon verknoten Ballen,
damit s' nicht auf den Boden knallen,
bis sie dann taube Ballen kriegen,
sich langsam ihre Krallen biegen,
auch wenn sie wie die Lumpen klagen,
dann unten wie ein Klumpen lagen.

Erfolgreicher Fischfang:

Ich hole jetzt dann mal a Karre,
zum Heimtransport der Kalamare.

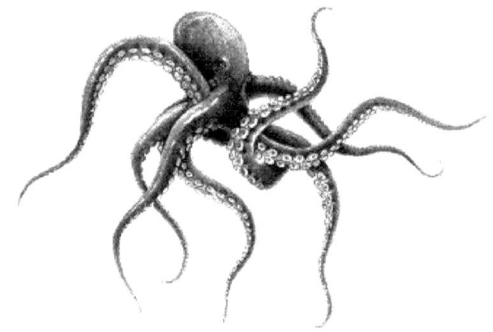

Konstruktionsfehler:

Bei schlecht durchdachten Pinkelwannen,
entsteh'n bei schrägem Winkel Pannen.
Wenn man nicht in Zentrale schifft,
obzwar man brav die Schale trifft,
wenn nicht der Strahl g'rad' sprudelnd sitzt,
der Rückstrahl dann stark sudelnd spritzt.

Zwischendurchgeschüttelt:

Als Korkeichen die Korken brachen,
hörte man laut die Borken krachen.

Erhängst du dich an Zitterpappeln,
wirst du zum Abschied bitter zappeln.

Im Farbtopf sitzt die Kakerlake,
weshalb nun auf den Lack er kacke.

Lebst streng du nach den Lehren Buddhas,
dann kannst du leicht entbehren Luthers.

Der oberösterreichische Altbauer ist wieder betrunken mähen gegangen, was seiner Gattin natürlich Sorge bereitet:

Aus Angst wird nia dem Miatterl fad,
wann Vaterl mit drei Viertal maht.
Zum Schutz eahm s' zu an Marterl fiahrt,
vom Beten wird des Vaterl miad.

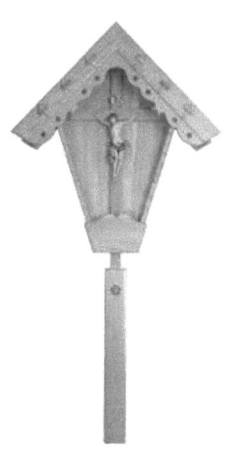

Das Herz des Kannibalen lacht:

Ist wieder jemand in die Falle gekracht?
Hab an- ein Feuer mit der Kralle gefacht.

Auf Zypern weitergebildet:

In Larnaca, in fernen Landen,
wir wieder was zu lernen fanden.
Im Wald, wo das die Larnen fänden,
da kühlt man mit den Farnen Lenden.

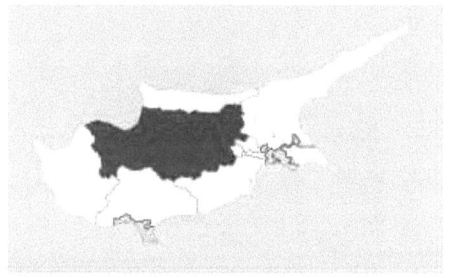

In naher Zukunft werden Veganer wohl nur mehr grausliches Grünzeug, Obst und Gemüse essen, damit das gute den Kühen und Schweinen bleibt:

Man warf ihm vor, er fresse krass,
weil er nur dauernd Kresse fraß.

Genuss nach Askese:

Nach vierzehn Tagen Kung-Fu Repressalien,
gab's eine Woche lang pure Fressalien.

Lehrreiches:

Sie war als Rauchfangkehrer lahm,
wodurch s' zum Job als Lehrer kam.

Wie man dem Hund das Fangen lehrte?
Anhand von einer langen Fährte.

Die Schneider bei der Lehre weinen,
komplett unnähbar wäre Leinen.

Dummer Molch sagt man eben nicht ungestraft...

Wenn ich dir auf die Zehen steig',
und dir den Herrn im Stehen zeig',
wenn ich dich jetzt mit Mumm erdolch',
dann sagst nie wieder „dummer Molch".
Vielleicht gefiel's der Mutter besser,
wenn ich dich stech' mit Buttermesser.
Ich könnt' dich mit dem Beil verhacken,
dann alle Teile heil verpacken,
und dich im Wald im Wahn verteilen,
und nachher noch im Tann verweilen,
zu sehen, wie der Fuchs dich lasse,
statt ihm jedoch der Luchs dich fasse.

Reiterfreundliche Wirtin:

Im Stall tränkt Kunigunde Rösser,
hernach bringt's eine Runde Gösser.

Liederschreiber:

Einst war ein kleiner Liederschreiber
Von dem man sagte: Leider schrieb er.
Viel' schlechte Lieder schrieb er leider,
statt singen, sagt man, schreit er lieber.
Doch meinten sie auch, lieber schreit er,
wär besser noch, als schreib' er Lieder.

Nichts wirklich leises schrieb er leider,
„Ich mache zwar nichts lieber." Schreit er.
Und dennoch, manchmal schreit er lieber.
Und dafür dann auch schreib' er Lieder.
Nur für die Frauenleiber schrie der,
Soll man jetzt sagen: „Leider schrieb er?"

Parkkonzert:

Bei dem schönen Geigenfeste
blieben nur die feigen Gäste.
Als ich längst im Polo saß
hört' ich noch den Solobass.
Spielt der fette Huber Bass,
wie ich da die Tuba hass!
Und der laute Flötenkrach
legt sogar die Kröten flach,
diesen dumpfen Trommelbumm
schlug man mit dem Bommeltrumm.
Alle Bläser, blau und frech,
quälten Mann und Frau und Blech.
Säuselnd war der Leier Schlag
Ob es wohl am Schleier lag?
Ein verlor'ner Nachmittag,
oder besser „Mach nit"-Tag.

Weißer Regen:

Wenn sie Milch und Wolke mischen,
werden sie bald Molke wischen.

Geschütteltes Allerlei:

Wenn ich jetzt nicht das Nippen lass',
sind ewig meine Lippen nass.

Weil er auf nasser Fliese rennt,
nach einem Sturz der Riese flennt.

(inklusive d'Artagnan)
Legen die Musketiere Feuer,
wird das für alle viere teuer.

In Fischanzüg', beim Schneien, schlupfen
die Schleien, sonst krieg'n Schleien Schnupfen.

Falsche Blumen für die Dame:

Sie, erbost, an ihn:

„Was bringst du mir denn Nelken, Wicht!
Glaubst du vielleicht, die welken nicht?
Du sollst mir lieber Rosen kaufen,
dann werd' ich mich um's Kosen raufen.
Ich will nicht mehr mit Nulpen tagen,
brauchst jetzt nicht an den Tulpen nagen.
Weißt du noch, wo die Veilchen waren?
Da musst du halt ein Weilchen fahren.
Vielleicht, dass etwa Chrysanthemen,
an meiner Liebes-Drüs' an kämen."

Weiter, echauffiert, im Selbstgespräch:

„Da fehlt nur noch, dass arg, er mitten
am Tage bringt mir Margeriten.
Bevor er zu den Fahnen muss,
vielleicht dann auch noch Hahnenfuß!"

Resümee:

Soll eine Dame sich um's Kosen raufen,
dann sollte man ihr Rosen kaufen,
weil man mit falscher Blume Duft,
nicht einmal eine Dumme blufft.

Nettes Restaurant:

Zu viert, sehr versiert,
kassiert, fair serviert.

Da wird sich der Wald freuen:

Es pischen in den Bach die Flegel,
ich halte lieber flach die Pegel.
Statt in den Fluss, im Mondenschein,
pisch' ich im Wald und schon' den Main.

Geschüttelt, gerührt und aufgeschrieben:

Am Tag, da war er Möbelpacker,
des nachts dann leider Pöbelmacker.

Weil sie schon früher Para-glitten
ließ sich nicht lang die Klara bitten.

Er war beim Knall vom Schall firm
Er sprang nur ohne Fallschirm.

Beim Kegeln gilt heut' keine Regel,
keine Figur, nur reine Kegel.

Sieh' lieber noch beim Feuer nach,
bevor's der Wind nun neu erfach'!

Lästige Geistergfraster:

Ich sehe nachts im Dunkeln Mächte,
wo ich dann nicht ans Munkeln dächte.
Und einer aus der Geisterschar,
frech auf den Boden, scheißt er gar.
Weil seine Rufe grässlich hallen,
sich seine Finger hässlich krallen,
steh' ich nun vor der Spiegeltüre,
die Hand an meinem Tiegel spüre.
Erst darf er an der Schminke lecken,
und nachher meine Linke schmecken.
Dann kommt auch noch der rechte Schwinger,
der manchmal sogar schwächte Ringer.
Ein nächster Hieb, dann beißt er glatt
ins Gras – so macht man Geister platt.
Die soll'n in ihren Luken spaßen,
und endlich dieses Spuken lassen.

Prinzipien sind nun mal Prinzipien:

Ich hobel nur
Die Nobelhur.

Die Liebe geht durch die Leber:

Wenn Rausch nur uns're Triebe lenke,
und Schnaps man vor der Liebe tränke,
wenn wir nur Lust am Fleische möchten,
und Kränze nur aus Maische flöchten,
und dann nur ihres Leibes wegen,
am Rumpf des schönen Weibes lägen,
nur deshalb mit der Möse bandeln,
dann wär'n wir schon sehr böse Mandeln.

Musenschmuserei:

Nach dir ich richtig schmacht', Muse
und dann mit aller Macht schmuse.

Die Lippen vieler Musen schwollen,
weil's mit mir immer schmusen wollen.

Jäger und Birnenschnaps:

Den Jäger nach der Sucht fragen?
Da wird er eine Frucht sagen.
Er ginge gerne Birn' heben,
das ließe schön sein Hirn beben.
Man wollt' ihm and'res Obst pressen,
er meint, das soll der Probst essen.
Man wär' ihm eine Beere willig,
die schmecke gut und wäre billig.
Man bot ihm eine Dattel feil,
damit er s' mit sein' Vattel teil'.
Auch bot man ihm noch Kirschen, pralle,
an die er sich beim Pirschen kralle.
Bis drei er, sprach der Waidmann, zähle:
„Zum Fliehen hast du Zeit Mann, wähle!"
Selbst Feigen, wenn ihm Dirnen böten,
er würde sie für Birnen töten.

Jeder, wie er will:

Von Office hab' i g'hört und wechsel,
zu den Programmen Word und Excel.

Pastinaken:

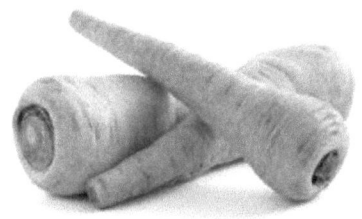

Man achte bei den Pastinaken,
es sollte man nur nass die packen.
Am besten in der Suppengruppe
als Inhalt für die Gruppensuppe.
Doch seid sehr vorsichtig, ihr Zarten,
es gibt da nämlich auch Zier-Arten.
Und manche, in der zarten Gier,
die beißen in die Gartenzier.
Dann wird das Antlitz tüchtig rot,
und später ist man richtig tot.

Richtung Osten:

Im Osten geht die Sonne auf,
mir wurscht, weil ich auch ohne sauf'.

Ich schmied', derweil der Posten lehne,
für'n Ausbruch Richtung Osten Pläne.

Sibirienkreuzfahrt:
Die Händ' muss man im Osten reiben,
vor Eiseskälte rosten Eiben.
Die Ehrengäste reisten oben,
und saßen in vereisten Roben.

Orientierungshilfe beim Fellkauf:
Der Markt hat ein Ost-West-Gefälle,
zu kaufen gibt's, wost gehst, eh Felle.

Von Nazis und Bettnässern:

Vom Weizen trennt der Strache Spreu,
indem er Hass in Sprache streu'.
In braungefärbten Hemden fraß
der Pöbel diesen Fremdenhass.
Und nennt dann manche einen Mohren.
Das klingt nicht fein in meinen Ohren.
Zum Dragan sagt der Karli Tschusch,
ich kann nur sagen: „Charlie kusch!".
Und hat in seinem Maul er Fusel,
dann nennt er Ali „fauler Musel".
Im Suff weiß es der Nazi besser,
im Bett ist dieser Bazi Nässer.

Golfturnier oder Ende gut, alles gut:

Zu eng die Hos' beim Golfen war,
er rieb sich einen Wolfen gar.
Mit Müh' das nächste Loch er nahm,
mit Angst, dass er jetzt noch erlahm'.
Er spielte einen Drive wie Gummi,
weil er verzwickt ja greif' wie Dummi.
Den Stand er noch mit Wippen check',
der Ball rollt auch beim Chippen weg.
Wie erst der Ball beim Pitchen flog!
Zur Seite wie die Flitschen bog!
Weil s'nächste Grün im Schatten „biss",
hat er dann auch vor'm Putten Schiss.
Es blickt die ganze Schar jetzt böse,
weil er dadurch kein Par jetzt schösse.
Kollege macht nach Birdie halt,
und ruft: „I hoff', i hör' di bald!",
derweil er noch am Wasser nage,
ob er den Schlag als Nasser wage.
Der Hecht ihn schon im Teich belauert,
weil dieser schon sein' Laich bedauert.

Er dächt', er wär an Land versiert,
und prompt den Ball im Sand verliert.
Den Caddie noch per Funk er band,
weil der ihn nicht im Bunker fand.
Der Hauptpreis wär' ein Hummer dann,
der Trostpreis nur ein dummer Hahn.
Er meint: „Jetzt g'winn' i wohl in Hahn!",
da glückt' ihm noch ein „Hole-in-one".

Achtung, Kuttenträger:

Im Beisein von an Ordensmann,
san s' sündhaft, und ermorden s' an.

Reiseerlebnis oder die gebrochene Achs:

Wie man die Plane über d' Fuhr' spannt?
Der Emir endlich auf die Spur fand,
nachdem sie lang in Zorne fuhren.
Man muss sie besser vorne zurren,
wonach sie hinten lose hänge,
so etwa einer Hose Länge.
Er rief: „Beim Barte des Propheten,
das ist die Fährte des Probaten!"
Dann plötzlich, brach die Achs am Leiterwagen,
wodurch die Räder ein Stück weiter lagen.

Kleine Österreichrundfahrt:

Auf Urlaub Leut' aus Pucking fahren,
und tun sich dann in Fucking paaren.
Wem Leberkäs' in Krems zu schrill,
der tafelt Fisch in Schrems zu Krill.
Weil man ihn um, bei Wambach leit',
hätt' er's nun doch bis Lambach weit.
Er plant lieber 'nen Klau auf Urfahr,
als dass er dort nur lau auf Kur fahr'.

Weil lieb in Rust ein Linzer wär',
ihn rieb in Lust ein Winzer leer.

Hat Knöpfe auf sein'm Wams gezählt,
und damit schließlich Zams gewählt,
man hatte ihm ja Stams vergällt,
dort war der Blick zur Gams verstellt.

Die Österreichische Fussball-
Nationalmannschaft hat schon wieder
überzeugend gewonnen:

Im Tor schlägt heut' kein Ball mehr ein,
nebst Hand verwendet Almer Bein.
Vorn an der langen Leine Fuchs,
sieht Schwächen wie der feine Luchs.
Am Ende musste Klein schon pumpen,
als hätte er am Bein schon Klumpen.
Gerüchte gibt's um Hinteregger,
Geheimpläne mit Inter heck' er.
Auch Moslems schau'n bei Alaba dumm,
Schussgott nennen s' ihn – „Allah da Bumm".
Traumhaften Baumgartlinger-Drall,
nennt man auch Traumgartlinger-Ball.
Der Teamchef wieder wegen Harnik bebe,
weil der, bevor er an der Bar nick', hebe.
Junuzo-, Drago- und Arnautovics,
die liebten Flitzer, und war'n Auto-ics.

Aufputschmittel müssen rein sein!

(Die Jugendlichen litten sehr,
unter der strengen Sittenlehr')

Im Vorfeld ich die Pillen wusch,
weil sauber ich den Willen push.

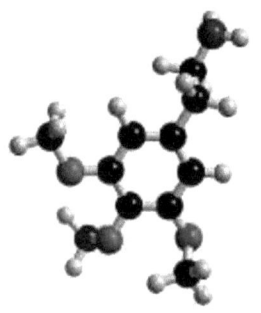

Fröhliches Reinigungspersonal eben:

Weil s' soffen und in Schürze kifften,
war's klar, dass sie in Kürze schifften.

Wertschätzung des Saufkumpanes:

Falls er ihn an der Schank trifft,
verfasst er eine Dankschrift.
Er sollte ihm, ich denke, schreiben,
was sie so in der Schänke treiben.
Und was er im Gedenken schrieb,
den ander'n zu Geschenken trieb.
"Jetzt stör' mich nicht!" zum Weibe schreit er,
"Bin konzentriert und schreibe weiter."
Vertieft aß er beim Schreiben Speck,
was ihn dann erst beim Speiben schreck'.

Schüttelreste:

Dunkel strahlt das Rampenlicht,
Zeit, dass wer die Lampen richt'.

Rauchfangkehrer, ferne Gegend,
sieht man dort auch gerne fegend.

Viel zu tun in der Landwirtschaft:

Auf Lauer oft der Bauer liegt,
die Magd dann, nach der Lauer biegt.

's wär' Brauch, dass man die feisten Mägde,
am Feld am allermeisten fegte.

Wenn er die Magd beim Pflügen legte,
auf's Feld, er stets zu lügen pflegte:

Da gäb' es ja den Faktor, Dralle,
dass leicht man von dem Traktor falle.

Wir machen in Getreiden Liebe,
bevor noch müssen leiden Triebe.

Sie waren ohne Hülle geil,
nicht alles blieb von Gülle heil.

Nachdem man sich ob Jauche brause,
hab' Hunger man, und brauche Jause.

Den Heißhunger auf Tennen heilt,
wenn dort man sich gleich Hennen teilt,

bevor man auf die Schweine warte,
und äße dann zum Weine Schwarte.

Zwar hätt' man eine Kuh gemocht,
doch dauert's, bis die „Muh" gekocht.

Dann ging's noch in die Kammer stramm,
wo man noch etwas strammer kam.

Die Tage ohne Pflüge flogen,
weil s' lieber Höhenflüge pflogen.

Politisches:

Die Rechten freut's und Linke stöhnen,
verständlich bei den Stinkelöhnen.

Der Schuster Gustl:
(Waren es wirklich nur die Schuhe?)

Die Damen auf den Schuster lauern,
wo sie vor lauter Lust erschauern.
Das kann man sehr robust erleben,
und dabei voller Lust erbeben.
Dem Gustl sind s' vor Lust ergeben,
und alle woll'n den Gust' erleben.
Er muss sie aufgegeilt erhören,
nur allzu gerne heilt er Gören.

Mutti hat ein „Blind-Date":

Fest putzen, bis die Zähne strahlen,
Frisör die neue Strähne zahlen.

Statt dass sie ihre Rangen wusch,
kam lieber auf die Wangen Rouge.

Sie betet noch beim Nägel röten,
verschon' mich heut' mit Regelnöten.

Dann muss sie noch die Haxel ölen,
und ausrasier'n die Achselhöhlen,

auf Oberschenkeln grellen Duft,
der ablenkt von der Dellengruft,

ein extrakleines Muschi-Höschen,
da wird's heut' etwas „huschi", Möschen.

Dann werden noch die Straps geschniegelt,
als Desinfekt mit Schnaps gestriegelt.

Sie ist nicht von der laschen Rasse,
und gern sich überraschen lasse.

Ein Überraschungs-Date, wer weiß, was dieser
junge Tuter mag...

Die Tür geht auf, die Kinder sind's, mit einem
Strauss zum Muttertag

Musik an Bord:

Sie spielten fetten Bluegrass.
Da wurde schon die Crew blass

Saufvogel:

Wenn ich 'nen ganzen Specht schluck'
Kann's sein, dass ich dann schlecht spuck.
Trink lieber viel und spuck schlecht,
bin eben eher Schluckspecht.

Nachdem ich bei der Halben schwächel,
und dabei wie die Schwalben hechel,
war's Zeit, dass ich ein Seiterl zuzel,
an dem ich schon ein Zeiterl suzel.

Scheiß-Vögel:

Fliegt elegant die Meise schief,
gibt's auf dem Tisch bald Scheiße-Mief.
Es kann's auch nicht die Taube lassen,
bescheißt mir in der Laube Tassen.
Weil ich auch nicht dem Kleiber trau',
ich's Kleibernetz dem Treiber klau'.
Muss auch das Netz für Finken stehlen,
weil die auch nie beim Stinken fehlen.
Dann noch das Netz für Stare klemm',
bevor ich ein paar Klare stemm'.
Als ich auch noch die Schwalbe hör',
ich gleich „Dich mach' ich halbe!" schwör.
„Kannst du mir mal den Specht halten?
Ich will ihn für den Hecht spalten."

Unsympathischer Urologe:
Feinfühlige bitte ungelesen überblättern!

In widerlichem Grunz' berät,
der Doktor über's Brunzgerät.

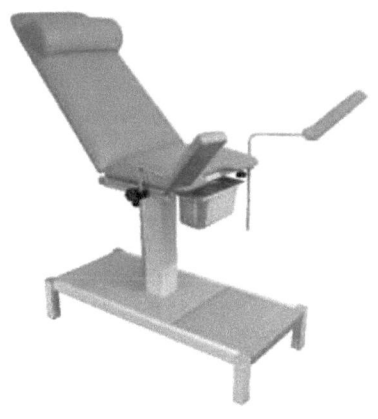

An sich gut integrierter deutscher Zuwanderer (außer der Ausdrucksweise in Zeile 2, und dem Umstand, dass er das Rudelverhalten noch nicht ablegen konnte):

Soboid i meine Gruppe siech,
woaß i, dass i 'ne Suppe kriech,
bevor mi eine Grippe such',
brauch i der eig'nen Sippe G'ruch.

Im Supermarkt:

Drapiert ist da geschmackvoll Salz,
daneben steht ein Sack voll Schmalz.
Nur karg verpackt gibt's griffig's Mehl,
daneben leuchtet miefig's grell.
Sehr günstig gibt's den tollen Fisch,
macht billig einen vollen Tisch.
Zum Glück gab's auch den klaren Wein,
die Flaschen aber waren klein.
Da im Regal liegt feine Butter,
und auch für Hunde Beine-Futter,
das sie beim Fernseh-Surren knabbern,
und dabei heftig knurren, sabbern.
Das Leergut bitte, nimm, oh Laden,
denn ich brauch frische Limonaden.
Kauf' noch die große blaue Pfanne,
weil ich gebrat'ne Pfaue plane.

Hochtouriger Glücksspender:
(nichts für zartbesaitete, bitte umblättern)

Man spürt es noch im Nebenbett.
Ich finde dieses Beben nett.

Sinneskompensationen:
(Manchmal geht es auch ohne
Hören und Sehen)

Wenn mich mal wieder Winde blähen,
dann sehen sie auch Blinde wehen.
Wenn sie in dem Verhau betören,
dann können das auch Taube hören.

Sündiges!
Du bist noch nicht 18? – Buch zu!

Er suchte, war verseucht und fündig.
Er fand sie, sehr, sehr feucht und sündig.
Ihr Vorschlag war 'ne schlaue Sünde,
sie sagte nur: „Versaue Schlünde!"

> # Kein Bild, weil keiner unter 18 Jahren das Buch zugemacht hat!

Warum er seine kündige?
Sie wär halt keine Sündige.

Relativ glimpflich verlaufender Surf-Unfall:

Er meint, er seh' die Welle eh,
nun tut ihm doch die Elle weh.
Als er nach einem Henkel schaut,
ihn hart es auf den Schenkel haut.
Der Mast auf seinen Fingern schlägt,
vom Brett es ihn beim Schlingern fegt.
Da bricht ihm gleich das Wadenbein,
kann sein, dass er beim Baden wein'.
Gut, dass man nicht mit Zehen geigt,
der Bruch sich nur beim Gehen zeigt.
Die Finne in die Speiche dringt,
die dann entzwei im Teiche springt.
Derweil er auf den Rippen lag,
ein Zahn durch seine Lippen rag'.
Obwohl es heil den Rücken ließ,
es ins Gebiss zwei Lücken riss.

Heftiger Zahnschmerz:

Ich liege schon im zähen Wahn,
ob diesem blöden, wehen Zahn.

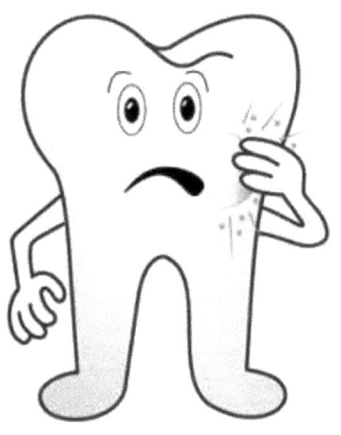

Lebenslanges Lernen:

So mancher wird durch Wissen g'scheiter,
für andere geht's g'schissen weiter.
Und mancher denkt sich, g'scheiter Wissen,
als ewig nur so weiter g'schissen.

Tanzgeschichten:

Man sollt' sich nicht vor'm Tango mästen,
und sollte lieber Mango testen.

(Knie noch etwas instabil nach OP)
Sobald ich tanz' den Walzer schnelle,
spür ich im Knie die Schnalzerwelle.

Er provoziert beim Twist mit Zoten,
dann gibt es einen Zwist mit Toten.

Wenn Nüchternheit beim Landler weicht,
passieren dann auch Wandler leicht.

3 bis 4silbrig geschüttelte Schlaflosigkeit wegen Unwohlsein im neuen Heim:

Wann ich im Zimmer schlafen geh',
dann würd' das schlimmer Gaffen zäh.
Das Buchregal voll wilder Bände,
dahinter man wohl Bilder fände.

Durch's Fenster seh' ich fern Gespenster,
das ist für mich kein „gern-späh-Fenster".
Urplötzlich brechen Vorhang-Stangerln,
und hängen dann an Storefang-Hangerln.

Und weil beim Öffnen schon der
Made schlimmer Pöbel zucke,
ich doch auch heftig bei dem
Badezimmermöbel schlucke.

Wär' Zeit, dass ich um diesen
Webe-Teppich laufen sollte,
den dann, schon seit ich
lebe, Sepp ich taufen wollte.

Notfrisur:

Zum Haare an den Köpfen zähmen,
sie mancherorts mit Zöpfen kämen.

Kannibalen haben auch Hunger:

Hab meinen Bauch jetzt frisch gemessen,
hab weder Masch noch Misch gefressen,
dem Hunger ich längst fröne, schau,
da draußen steht 'ne schöne Frau.

Die langen Haare wären Zierde,
wenn ich sie jetzt verzehren würde.
Sie wirkt nicht mager, sondern hohl,
ich brauch's nicht hager, sondern moll.

Will lieber einen dicken, fetten,
weil wir ja eh nicht ficken täten.
Sah in der Gasse jeden nicken
und töte jetzt dann jenen Dicken,

der auf dem Tisch schon bange liegt,
weil sich der Tisch schon lange biegt.
Beim Schlachten sind wir beiden kleinlich,
ihm war schon das Entkleiden peinlich.

Sodann ich durch mein Speicherl lallte,
wie ich jetzt bloss das Leicherl spalte.
Ich fasse einen guten Plan,
während die Leich' noch bluten kann,

dass ich in Episoden hacke,
beginnend mit dem Hodensacke,
um dann die Arme weg zu schneiden,
und der Gedärme Schneck' zu weiden,

was nicht gerad' Ergüsse waren.
Ich werd' jetzt mal die Füße garen.
Bevor ich noch das Haxel öle,
rasier' ich schnell die Achselhöhle.

Als ich schon einstell'n will die Grade,
da denk' ich um, und grill' die Wade.
Dann brat' ich mir die lange Zunge,
und hole mit der Zange Lunge

samt Herz und Milz und Leber raus.
Verdammt, da sitzt 'ne Reberlaus!
Der hatte bei 'ner Fete Spaß,
und leerte noch das späte Fass.

Der Kerl war gerissen, vif,
weil er jetzt mein Gewissen rief.
Naja, zu guter Letzt gewann er,
denn ich bin seit dem Tag Veganer.

Atemberaubend:

Wenn Sensenmann an Lungen zähre,
ergäb' das auf den Zungen Leere.

Blöde Vorgabe aber auch:

Obgleich die Schüler wilde malten,
ließ der Herr Lehrer Milde walten,
ob kollektiver Zeichenlähmung
zum Zeichenthema Leichenzähmung.

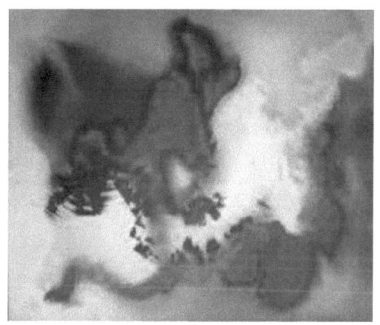

Eitler Geck:

Er kauft sich seine Gartenhüte
nur in der strammen, harten Güte,
mit einem feinen Seidenband.
Die Farbe war bei beiden Sand.
Wenn er sich dann im Spiegel sähe,
auf seines Ringes Siegel spähe,
die Krempe breit und wild gebogen,
dann wär' er seinem Bild gewogen.

Berufsunfähigkeit:

Probleme hätt' ein Zungenschlucker,
kaum hätt' er sie verschlungen, zuck' er.

Im Zoo:

Der Wärter nach dem Schlüssel rief,
weil Elefant auf Rüssel schlief.

Unglaublich, wie das Zebra geigt,
Wenn man ihm die Algebra zeigt.

Der Affe brüllt, die Möwe lacht,
wenn's mit Frau Löwin Löwe macht.

Der Manta setzt den Panther matt,
dabei wär längst der Manta patt.

Derweil der müde Geier ruht,
da schmeckt sein Aas dem Reiher gut.

Kaum ist das Aug' vom Fuchs beleuchtet,
wird auch das Maul vom Luchs befeuchtet.

Von oben auf Giraffen fallend,
so lachen die vier Affen schallend.

Beim Wischerln erst das Lama checkt,
dass unten sein Pyjama leckt.

Und vor den Koch die Büffel traten,
und um ein Stückchen Trüffel baten.

Höchst nobel sprach der krasse Tiger,
für's Wasser eine Tasse krieg' er.

Weil s' dauernd nur an Trauben denken,
tun sie mit Wein die Tauben tränken.

Es läuft auf flinken Kaiman-Füßen,
der Kaiman, er will Faymann küssen.

Limo verschüttet – Keli-Panne,
jetzt trinken das die Pelikane.

Für's Foto nebst dem Hirsch posen,
brauchst Pirschhemd und auch Pirschhosen.

In Schlamm die Säu' die Borste hauen,
die Adler lieber Horste bauen.

Zum Lunch wollt' Wolf die Biber laden,
die lehnten ab, woll'n lieber baden.

Zum Vogelpark führt rau ein Pfad,
dafür schlägt dort ein Pfau ein Rad.

Nur durch den Spalt in Balkenfalzen,
siehst du mit Glück die Falken balzen.

Der Wärter, der das Gnu noch bade,
gewährt bei einem Buh noch Gnade.

Der Zoolehrling bringt brav den Stock,
der Wärter sagt: "Nun straf' den Bock!"

Schwingt zornig mal ein Bär die Tatzen,
dann fliegen auch vom Teer die Batzen.

Der Bissgefahr erstatt' er Nähe,
weil dicht er an der Natter stehe.

Willst du vor Freud' ein Lama drücken,
hast später von dem Drama Lücken.

Rasierte Menschen will er, kahl,
's ist so ein Tick vom Killerwal.

Es nützt ganz frech die Bremse Gunst,
und sticht, während die Gämse brunzt.

Er dreht sich wild, als hätt' er Wahn,
das passt schon, er ist Wetterhahn.